Alexander Holzach

Libra
o signo diplomático

De 23 de setembro a 22 de outubro

Libra é o signo mais equilibrado de todos?

Isso não é verdade!

Ora um lado pesa mais, ora é o outro.

O que exagera de um lado...

O diplomático signo de libra sabe exatamente...

...quais botões deve apertar...

...para acalmar o outro.

Mas, quando sofre uma injustiça...

...pode virar um bicho.

Muito embora libra prefira...

...desviar das brigas em seu caminho.

Se há desavenças ao seu redor...

...libra sempre tem as ideias mais espertas...

...para acabar com elas.

Quando passa por decisões difíceis...

...o signo de libra geralmente consulta o time todo...

...para, no final, se decidir por aquilo que ele quer.

Para trabalhos desconfortáveis...

...libra sempre conhece alguém que os assuma.

Grosseria...

...não tem vez com esse signo.

O signo de libra tem o talento de...

...com sua beleza, transformar lugares horríveis.

Libra prefere ignorar os problemas...

...e esperar que eles se resolvam por si só.

Em entrevistas de trabalho,
libra convence com seu brilho.

No amor, encanta com seu charme.

Esse signo gosta de ser bajulado.

Libra adora elogios.

Todo o resto entra por um ouvido...

...e sai pelo outro.

No amor, quando libra precisa escolher entre várias opções...

...certamente ficará com quem decidir em seu lugar.

Às vezes, num relacionamento,
libra sucumbe em prol da paz.

No entanto, guarda os pontos negativos consigo...

...e, em algum momento, explode por causa de algo mínimo.

Tudo tem que estar perfeito.

Mas, minha nossa, se libra encontrar uma falha!

Aí esse signo prefere...

...ir para cama sozinho com enxaqueca.

Libra consegue ler seu oponente como se fosse um livro
E, quando os sinais de alarme soam...

...reage perfeitamente à situação.

Como esse signo
é muito pacífico...

...não consegue
entender...

...ataques
contra si...

...e, se for demais
para ele, libra pode...

...muito bem reagir com exagero.

Libra pode se adaptar extremamente bem a um ambiente
Ele emana o sentimento de parentesco de almas.

Só que é difícil para ele se despir desse papel após um contato mais constante.

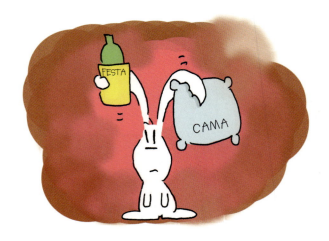

Libra sempre tem medo de estar perdendo alguma coisa.
E, quando há duas opções...

...encontra um jeito de as conciliar.

Quando libra dá uma festa, todos gostam de ir.

Esse signo é um anfitrião incomparável.

Libra ama luxo...

...e arte. E ama grana...

...para comprar luxo e arte.

Libra tem um talento para vendas
que pode despertar cobiça.
Quem quer algo desse signo...

...no final, acaba recebendo um pouco a mais.

Às vezes, o signo de libra pode ser...

zangado,

indeciso,

impulsivo

e vaidoso.

Mas também é todo coração...

amável,

charmoso,

bom anfitrião

e presença pacífica.

TÍTULO ORIGINAL *Die diplomatische Waage*
© 2015 arsEdition GmbH, München – Todos os direitos reservados.
© 2017 Vergara & Riba Editoras S.A.

EDIÇÃO Fabrício Valério
EDITORA-ASSISTENTE Natália Chagas Máximo
TRADUÇÃO Natália Fadel Barcellos
REVISÃO Felipe A. C. Matos
DIREÇÃO DE ARTE Ana Solt
DIAGRAMAÇÃO Balão Editorial

Dados Internacionais de Catalogação na Publicação (CIP)
(Câmara Brasileira do Livro, SP, Brasil)

Holzach, Alexander
Libra: o signo diplomático / Alexander Holzach; [tradução Natália Fadel Barcellos].
— São Paulo: V&R Editoras, 2017.

Título original: *Die diplomatische Waage*

ISBN 978-85-507-0115-8

1. Astrologia 2. Horóscopos 3. Signos e símbolos I. Título.

17-04658   CDD-133.54

Índices para catálogo sistemático:
1. Horóscopos: Astrologia 133.54

Todos os direitos desta edição reservados à
VERGARA & RIBA EDITORAS S.A.
Rua Cel. Lisboa, 989 | Vila Mariana
CEP 04020-041 | São Paulo | SP
Tel.| Fax: (+55 11) 4612-2866
vreditoras.com.br | editoras@vreditoras.com.br

**SUA OPINIÃO É
MUITO IMPORTANTE**
Mande um e-mail para
opiniao@vreditoras.com,
com o título deste livro
no campo "Assunto".

1ª edição, nov. 2017
FONTES SoupBone e
KG Be Still And Know
IMPRESSÃO Malásia
LOTE 236/17ARS12